Karl-Georg Nöthen
Lutz Thelen

Bewertung von Projektarbeit

unter Berücksichtigung didaktisch-methodischer
Ansätze handlungsorientierten Unterrichts

Bewertungsmodell auf der Basis einer Methode des Qualitätsmanagements

Stam 7168

Stam Verlag   Köln · München

Stam Verlag
Fuggerstraße 7 · 51149 Köln

ISBN 3-8237-**7168**-X

© Copyright 1996: Verlag H. Stam GmbH · Köln
Das Werk und seine Teile sind urheberrechtlich geschützt. Jede Verwertung in anderen als den gesetzlich zugelassenen Fällen bedarf deshalb der vorherigen schriftlichen Einwilligung des Verlages.

Inhaltsverzeichnis   Seite

Aspekte der Leistungsbewertung bei Projektarbeiten 5

1 Verfahrensorientierung 8
1.1 Anforderungen an Projektarbeiten 11
1.2 Bewertungskriterien für Projektarbeiten 13
1.3 Gewichtung von Bewertungskriterien 13
1.4 Abstufung von Bewertungskriterien 14
1.5 Leistungsbewertung von Projektarbeiten 16
1.6 Benotung von Projektarbeiten 16

2 Verordnungen, Vorschriften und Richtlinien zur Leistungsbewertung 17
2.1 Leistungsbewertung nach § 5 APO-FS 17
2.2 Leistungsbewertung nach § 5 AO-BS 17
2.3 Notenstufen nach § 25 ASchO 17
2.4 Notenskala für die Leistungsbewertung im Arbeitszeugnis 18
2.5 Beurteilungslexikon für Arbeitszeugnisse 18
2.6 Kriterien zur Bewertung handlungsorientierter Schülerleistungen 19
2.7 Verknüpfung von Schlüsselqualifikationen mit Qualifikationen aus den
     Ausbildungsrahmenplänen der neuen Metall- und Elektroberufe 20

3 Schlußbetrachtung 21

4 Literaturverzeichnis 22

5 Anhang
5.1 Beispiel für die Abstufung von Bewertungskriterien für ein Projekt
     in Informationstechnik 23
5.2 Beispiel für die Abstufung eines Kriteriums für die Bewertung der
     Dokumentation einer Projektarbeit 26
5.3 Beispiel 1 für die Beurteilung einer Projektarbeit in der Fachschule für Technik 27
5.4 Beispiel 2 für die Beurteilung einer Projektarbeit in der Fachschule für Technik 28
5.5 Formblatt für die Gewichtung eines Bewertungskriteriums (Kopiervorlage) 29
5.6 Formblatt für die Berechnung der Gesamtpunktzahl (Kopiervorlage) 30

Vorwort

Wirtschaftlich und gesellschaftlich geänderte Rahmenbedingungen bringen es mit sich, daß die Qualität von Produkten und Dienstleistungen immer mehr in den Mittelpunkt gerückt wird. Qualität wird zu einem beherrschenden Kriterium für den Erwerb eines Produktes oder einer Dienstleistung. Langfristig ist der Erfolg eines Unternehmens daher nur durch eine komplexe und ganzheitliche Qualitätsstrategie zu sichern. Um den seit Jahren hohen Stand der Qualität deutscher Produkte zu sichern und zu verbessern, sind von den Unternehmen verstärkte Anstrengungen erforderlich. Im Zentrum dieser Anstrengungen steht die Umsetzung einer wirkungsvollen Qualitätsstrategie, d.h. die Errichtung eines Qualitätsmanagementsystems. Dieses kann nur effektiv sein, wenn alle Mitarbeiter in einen kontinuierlichen Verbesserungsprozeß (KVP) eingebunden sind. Ein besonders erfolgversprechender Weg dazu ist die Aktivierung aller Mitarbeiter zur Qualitätsarbeit. Der Mitarbeiter soll an Verbesserungsprozessen mitwirken und Fehler langfristig vermeiden helfen. Dazu ist die in Unternehmen noch vielfach vorherrschende Trennung von "Ausführung" und "Prüfung" aufzuheben. Nur Mitarbeiter, die für die Qualität ihrer Arbeit selbst verantwortlich sind, entwickeln das erforderliche Qualitätsbewußtsein für die Verbesserung der Herstellprozesse. Eine Voraussetzung für diese "Selbstprüfung" ist eine transparente Zielvorgabe, unter der die Mitarbeiter selbständig und in eigener Verantwortung tätig werden können.

Aus diesen Vorgaben erwachsen für alle Schulformen, vor allem aber für die berufliche Aus- und Weiterbildung neue Aufgaben. Neben überfachlichen Qualifikationen wie Kooperations- und Teamfähigkeit, technische Sensibilität und analysierendes Denken wird zunehmend auch die Fähigkeit gefordert, den Entstehungsprozeß und seine Produkte bzw. Dienstleistungen überwachen zu können. Die beruflichen Schulen müssen auf diese Herausforderungen reagieren. Eine sichtbare Reaktion ist letztendlich die Neuordnung aller wichtigen Berufe. Ziel dieser Neuordnung ist eine umfassende berufliche und gesellschaftliche Handlungskompetenz, die sich in den verschiedenen Teilkompetenzen (Methoden-, Lern-, Sozial-, Sprachkompetenz usw.) ausdrückt. Im Vordergrund stehen fächerübergreifende Unterrichtsorganisationen mit methodischen Großformen wie Projektarbeit, Technisches Experiment, Lernträger, Lernaufgabe und Arbeitsauftrag, die den Erwerb der erforderlichen Kompetenzen entlang der Schrittfolge selbständiges Planen, Entscheiden, Durchführen und Beurteilen des Tuns und der Ergebnisse auf allen Ebenen fördern.

Problematisch blieb jedoch bislang die Bewertung der in diesen Unterrichtssituationen erzielten Arbeitsergebnisse.

Um diese Lücke zu schließen wird von den Autoren ein Bewertungsmodell auf Basis einer komplexen Qualitätsmanagementmethode (QFD) vorgestellt, die den Schüler bei der Bewertung in den Mittelpunkt stellt und ihn - ganz im Sinne der geforderten Selbstprüfung - einer kontinuierlichen Qualitätsverbesserung - zum (Selbst-)Verantwortlichen für seine Arbeit macht. Daß dieses Verfahren etwas aufwendiger ist als herkömmliche Methoden zur Bewertung von Schülerleistungen (z.B. Klassenarbeiten), darf hier nicht schrecken. Zur Bewertung und Beurteilung komplexer Kompetenzen sind althergebrachte Erfolgssicherungssysteme nur unzureichend verwendbar. Hier müssen neue Formen entwickelt werden, die den Anforderungen besser genügen. Das dargelegte QFD-Bewertungsmodell ist ein solcher Ansatz. Ich wünsche mir, daß dieser Ansatz eine weite Verbreitung findet und daß auf diese Weise eine neue Diskussion über Leistungsbewertung ausgelöst wird, besonders über die doch arg vernachlässigten "sonstigen Leistungen".

**Wir sind es unserer gesellschaftlichen Verpflichtung
und unseren Schülerinnen und Schülern schuldig!**

Günter Schmidt
Fachleiter für Fertigungstechnik am Studienseminar in Köln und Lehrer an der BBS in Hennef.
Moderator für Qualitätsmanagement in Schulen.

Aspekte der Leistungsbewertung bei Projektarbeiten

Die Leistungsbewertung gehört zu den - angesichts der im Vorwort dargelegten neuen und geänderten Herausforderungen - z.T. überholten funktionsbestimmenden Rahmenbedingungen von Unterricht. (s. Abb. 1) Das Überprüfen der Lernerfolge dient der Sicherung der Ziele eines Bildungsganges. „Lernerfolgsüberprüfungen erfüllen - über den institutionellen Ansatz hinaus - eine wichtige pädagogische Aufgabe, wenn sie den Schülerinnen und Schülern bei der Selbsteinschätzung ihrer Leistungsprofile helfen und sie zu neuen Anstrengungen ermutigen." [1]

Die Leistungsfeststellung und Leistungsbewertung richtet sich nach den §§ 21, 22 und 25 Allgemeine Schulordnung und muß die didaktisch-methodischen Ansätze handlungsorientierten Unterrichts berücksichtigen. Die Grundlage der Bewertung bilden die von den Schülerinnen und Schülern im Bewertungszeitraum erbrachten sonstigen Leistungen sowie die in

Abb. 1: Leistungsbewertung als eine der funktionsbestimmenden Rahmenbedingungen von Unterricht

den meisten Fächern zur Leistungsfeststellung zu schreibenden schriftlichen Arbeiten. Den sonstigen Leistungen kommt in Verbindung mit handlungsorientierten Lernprozessen eine besondere Bedeutung zu. Ein breites Spektrum ist anzustreben. Hierzu zählen z.B. die Leistungen bei der Mitarbeit, Leistungen bei der Projektbearbeitung, Referate, Protokolle, Berichte, Fachgespräche etc.

Für die Beurteilung von Schülerleistungen sind von den in einem Bildungsgang unterrichtenden Lehrerinnen und Lehrern Kriterien festzulegen, die sowohl die kognitive als auch die affektiv-soziale Lerndimension von Schülerleistungen erfassen. Ein dem Anhang beigefügtes Beurteilungsbeispiel einer Projektarbeit ist ein Beleg dafür, daß es für Lehrer und Schüler meistens einfacher ist, sich an Kriterien zu orientieren, die zur Beurteilung der kognitiven Lerndimension dienen. Schwieriger zu fassen sind dagegen Kriterien, die sich eher auf die affektiv-soziale Lerndimension erstrecken. Das Anforderungsniveau soll sich bei der Leistungsfeststellung und Leistungsbewertung an der angestrebten Handlungskompetenz orientieren. "Innerhalb dieses allgemeinen Rahmens sind **Beurteilungskriterien:**

- der Umfang der geforderten Kenntnisse, Fertigkeiten und Fähigkeiten;
- die sachliche Richtigkeit sowie die Differenzierung und Gründlichkeit der Kenntnisse, Fertigkeiten und Fähigkeiten;
- der Grad der Selbständigkeit der geforderten Leistung;
- die Nutzung zugelassener Hilfsmittel (Formelsammlungen, Datenblätter, Diagramme u.ä.);
- die Art der Darstellung bzw. die Gestaltung der Ausführung;
- Motivation, Engagement und soziales Verhalten in Lernprozessen.

Die genannten Kriterien beziehen sich grundsätzlich auf alle Dimensionen von Handlungskompetenz, wobei zu berücksichtigen ist, daß sie in den verschiedenen Dimensionen (Fachkompetenz, Human- und Sozialkompetenz, Methodenkompetenz, Lernkompetenz) mit unterschiedlichen *Gewichtungen* zur Geltung kommen." [1]
Das *Projekt* ist eine fächer- und technikübergreifende Methode des handlungsorientierten Unterrichts, die sich gegen eine eindimensionale Ausrichtung auf die kognitive Lerndimension wendet. Die Förderung der verschiedenen Lerndimensionen wird u.a. von der Organisationsform des Projektunterrichts beeinflußt. Daher sind von den Lehrerinnen und Lehrern die durch die Organisationsform ihres Projektunterrichts angesprochenen Schlüsselqualifikationen zu erfassen und bei der Aufstellung von Bewertungskriterien hinreichend zu berücksichtigen. Abbildung 2 zeigt die Förderung von Schlüsselqualifikationen in Abhängigkeit von der Organisationsform des Unterrichts beim projekt- und transferorientierten Ausbildungskonzept PETRA der Firma Siemens.

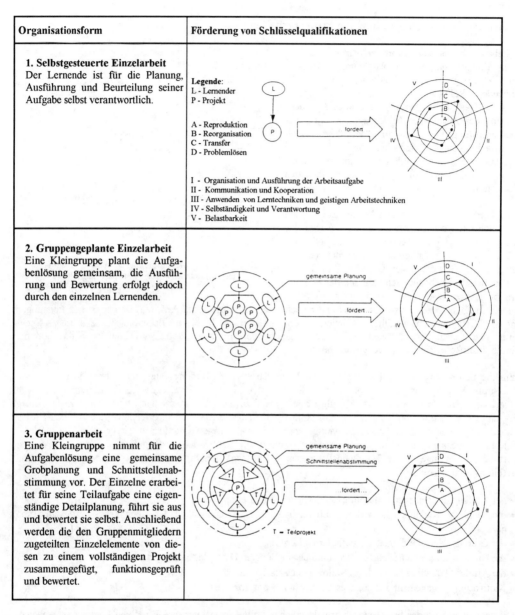

Abb. 2: Förderung von Schlüsselqualifikationen in Abhängigkeit von der Organisationsform des Unterrichts [vgl. 2]

Für Projekte gelten u.a. nachfolgend zusammengestellte **Kriterien**:
- "Ziel des Projekts ist die Bearbeitung einer umfassenden Aufgabe mit problemhaltigen Teilen.
- Die Aufgabenstellung steht im Zusammenhang mit dem Erfahrungsraum der Lernenden.
- Die Lernenden stellen die Aufgabe nach Möglichkeit selbst, zumindest aber übernehmen sie eine vom Lehrer vorgeschlagene Aufgabe als ihr Anliegen.
- Bei der Bearbeitung des Projekts erfolgt eine Verbindung von Theorie und Praxis.
- Bei der Bearbeitung des Projekts werden Erkenntnisse aus mehreren Fächern benötigt und zusammengeführt (fächerübergreifendes Arbeiten).

- Die Projektarbeit vollzieht sich in einer Gruppe (möglichst mit arbeitsteiligen Phasen).
- In der Projektarbeit erhält jedes Gruppenmitglied eigene Handlungsmöglichkeiten.
- Die Bearbeitung des Projekts muß von der Gruppe selbständig geplant, durchgeführt und beurteilt werden.
- Das Arbeitsergebnis aus dem Projekt (nicht das Lernergebnis) wird von der Gruppe nach außen (z.B. gegenüber Nutzern) vertreten und verantwortet." [1]

Bei der Bearbeitung des Projektthemas durchlaufen die Schülerinnen und Schüler somit einen ganzheitlichen Arbeitsablauf in den charakteristischen Schritten des selbständigen Planens, Durchführens, Kontrollierens und Bewertens. Im Sinne einer handlungsorientierten Didaktik sind die Lernenden jedoch nicht nur in die Planung von Lernprozessen einzubeziehen, sondern ebenfalls in die kritische Auswertung des Unterrichts und ihrer dort erbrachten Leistungen. Sicherlich ist es schwierig, in einem komplexen Lernprozeß die verschiedenen Dimensionen von Handlungskompetenz voneinander zu trennen, es sollte aber auch als Möglichkeit gesehen werden, Beurteilungskriterien für die betroffenen Schülerinnen und Schüler transparent zu machen. "Die häufig unterstellte Unvereinbarkeit von Projektarbeit und individualisierter Leistungsfeststellung ist praktisch nicht feststellbar, wenn die Leistungsbeurteilung transparent und interaktiv mit den Schülern erarbeitet wird." [3]

Die Beurteilungskriterien sind zu Projektbeginn offen und klar festzulegen. Dies bedeutet, die Schülerinnen und Schüler wissen von Projektbeginn an, wann und wie welche Schülerleistungen beurteilt werden und ob Gesichtspunkte handlungsorientierten Unterrichts aus dem Zwang der Leistungsbewertung herausgenommen werden. "Was und wie beurteilt wird, ist möglichst mit denselben Mitteln zu entwickeln wie das Projekt selbst. ... Dabei entsteht kein einfaches Bild von Leistung. Die schlichte Unterscheidung in gut und schlecht wird aufgelöst. ... Der herkömmliche Leistungsbegriff wird durch einen erweiterten Leistungsbegriff ergänzt. Man könnte ihn in folgende Formel fassen: Kooperative Produktivität in einem Betätigungsgebiet." [4] Selbstverständlich wird auch das „hergestellte Produkt" bewertet, nur darf die Produktbewertung bzw. die Bewertung einer Dienstleistung nicht vom Entstehungsprozeß losgelöst werden.So ist die Intention der Projektmethode verfehlt, wenn z.B. bei einer rechnerunterstützten Projektarbeit der Computer ausschließlich von einem „Computerfreak" programmiert bzw. gehandhabt wurde und die anderen Gruppenmitglieder lediglich zuschauen konnten. "Die Verwirklichung dieser Forderung setzt voraus, daß neue und andere Formen der Auswertung von Unterricht akzeptiert werden. Die Auswertung von Unterricht bekommt dann die Funktion, die im Unterricht erzielten Ergebnisse zu reflektieren, die Arbeitsprozesse zu beurteilen, mit denen die Ergebnisse erreicht wurden, und Konsequenzen für die Planung des folgenden Unterrichts zu ziehen." [5]

Im folgenden Kapitel wird ein Bewertungsmodell zur interaktiven Leistungsbewertung von Projektarbeiten vorgestellt. Die Vorgehensweise ist von der Methode des Quality Function Deployment (QFD)[1)] der Qualitätsplanung abgeleitet und stellt die Anforderungen der Schülerinnen und Schüler an eine transparente, bildungsganggerechte Bewertung ihrer Leistungen in den Mittelpunkt. Das Modell steht im Einklang mit den gängigen Verordnungen, Vorschriften und Richtlinien zur Leistungsbewertung. Die rechtlichen Rahmenbedingungen zur Leistungsbewertung nach § 5 AO-BS und § 25 ASchO, Beispiele für die Leistungsbewertung in Arbeitszeugnissen sowie Gesichtspunkte zur Beurteilung handlungsorientierter Schülerleistungen sind in Kapitel 2 aufgeführt.

[1)] **Zur QFD-Methode:**
Die Methode des Quality Function Deployment (QFD-Methode) ist eine ursprünglich japanische Planungsmethode, die zur Unterstützung der Qualitätsplanung bei der Festlegung von marktgerechten Produkteigenschaften eingesetzt wird. Die QFD-Methode begleitet die Produktentstehung durchgängig von der Entwicklungsphase bis zur Serienreife. "Maxime der QFD-Philosophie ist, den Erwartungen und den Wünschen des Kunden oder des Anwenders in jeder Phase der Produktentstehung einen höheren Stellenwert beizumessen als den Realisierungsvorstellungen des Ingenieurs. (...) Ziel soll nicht ein Produkt sein, das alle technisch möglichen, sondern nur genau die vom Kunden gewünschten Merkmale aufweist und sich durch höchste Gebrauchstauglichkeit (aus dem amerikanischen: "fitness for use") auszeichnet. Alle Tätigkeiten der Produktentwicklung sind daher aus der Sicht des Kunden und nicht aus der Sicht des Ingenieurs zu interpretieren." [6] Bei der QFD-Methode werden die Fähigkeiten und Kenntnisse der einzelnen Unternehmensbereiche zielgerichtet koordiniert, um eine bestmögliche Berücksichtigung der Kundenanforderungen im Produkt zu realisieren.

1 Verfahrensorientierung

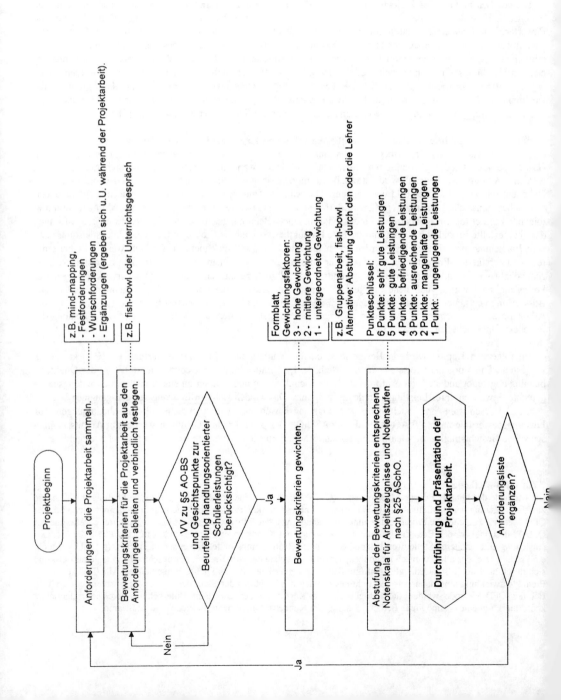

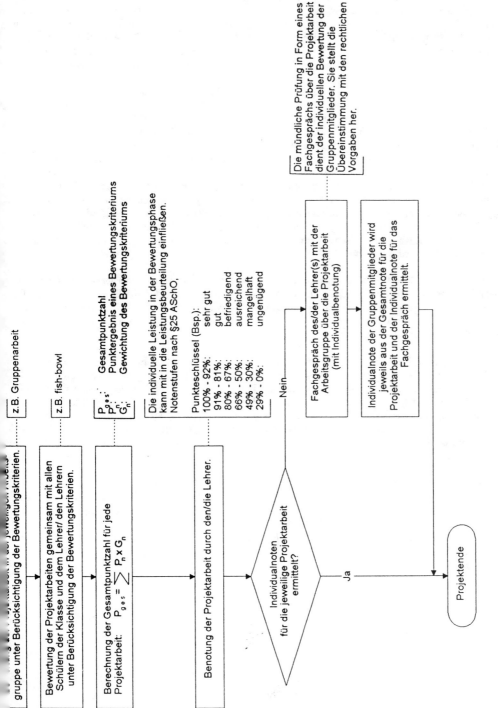

Abb. 3: Ablauf des Bewertungsverfahrens

Das Verfahren zur Leistungsbewertung beginnt - in Anlehnung an die QFD-Methode - mit dem Ermitteln der Anforderungen, die die Schülerinnen und Schüler an die Bewertung ihrer Leistung bei der Projektarbeit stellen (vgl. Abb. 3). Die Anforderungen - in der QFD-Terminologie auch "Whats" [6] genannt - werden bereits zu Beginn einer Projektarbeit ermittelt. Hierbei kann es zu einem Konflikt mit der VV § 5 AO-BS 5.12 zu Abs. 1 kommen, wenn Schülerinnen und Schüler ihre Projektarbeit als Gemeinschaftsleistung bewertet haben möchten. Nach VV § 5 AO-BS 5.12 können Leistungen im Zusammenhang mit Gemeinschaftsleistungen bewertet werden, wenn sie dem Schüler als eigene Leistung zuzuordnen sind. Schülerinnen und Schüler begründen ihre Anforderung u.a. damit, daß sie die in intensiver Teamarbeit und mit großem Zeitaufwand - auch über die eigentliche Unterrichtszeit hinaus - erbrachte Gemeinschaftsleistung bei der Projektbearbeitung nicht im nachhinein individualisieren möchten. Wird die Anforderung jedoch aus pädagogischen Gründen bei der Bewertung berücksichtigt und ist dies vor dem Hintergrund der lerngruppenspezifischen Voraussetzungen (in Bezug auf Fach-, Methoden-, Lern-, Human- und Sozialkompetenz) vom Lehrer auch zu vertreten, dann sollte das Projektthema möglichst so formuliert werden, daß nur eine intensive Teamarbeit bei der Projektbearbeitung mit der gleichmäßigen Beteiligung aller Gruppenmitglieder zu einem für alle Seiten befriedigendem Ergebnis führen kann. Unter diesen Voraussetzungen ist zu prüfen, inwieweit die Bewertung der Projektarbeit im Rahmen einer Gemeinschaftsleistung mit in die Leistungsbeurteilung einfließen kann. Eine praktikable Möglichkeit zur Individualisierung von Leistung bei der Projektarbeit ist die Einbeziehung eines benoteten Fachgesprächs in die Bewertung, das mit einzelnen Schülern über die jeweilige Projektarbeit geführt wird. Die Individualnote für die Projektbearbeitung kann bei dieser Vorgehensweise aus der Gesamtnote für die Projektbearbeitung und der Individualnote für das Fachgespräch ermittelt werden.

Sind die Anforderungen erfaßt, so können sie entsprechend den verschiedenen Dimensionen von Handlungskompetenz in Kategorien eingeteilt werden. Aus den Anforderungen sind daraufhin die Bewertungskriterien für die Projektarbeit unter Berücksichtigung der VV zu §5 AO-BS sowie der Gesichtspunkte zur Beurteilung handlungsorientierter Schülerleistungen abzuleiten, von allen Beteiligten zu gewichten und, entsprechend der Notenskala für Arbeitszeugnisse, abzustufen.

Die Bewertung der Projektarbeiten durch Lehrer und Schüler erfolgt im Anschluß an die Präsentationsphase. Gemeinsam wird für jedes Gruppenmitglied bzw. für jede Projektarbeit das Punktergebnis eines Bewertungskriteriums ermittelt und mit dem festgelegten Gewichtungsfaktor multipliziert. Die Einzelergebnisse werden aufsummiert und ergeben die jeweils erreichte Gesamtpunktzahl. Abschließend erfolgt die Notenermittlung z.B. über ein "konventionelles" Punktesystem. Selbstverständlich kann auch die Leistung der Schülerinnen und Schüler bei der Bewertung ihrer Projektarbeit individuell benotet werden und in die Note für die Projektarbeit einfließen. Die Gesamtnoten für die Projektarbeiten können - je nach Lerngruppe - gemeinsam mit den Schülerinnen und Schülern ermittelt werden.

Ebenso wie die selbständige Projektbearbeitung im Team setzt auch die Beteiligung der Schülerinnen und Schüler an der Leistungsfeststellung und Leistungsbewertung der Projektarbeit ein Mindestmaß an Methoden-, Lern-, Human- und Sozialkompetenz in der Lerngruppe voraus. Geeignet ist die beschriebene Vorgehensweise vor allem für komplexe Projektthemen, da die Zeit für die Bewertung im angemessenen Verhältnis zur Dauer der Projektdurchführung stehen muß. Das Bewertungsmodell kann jedoch unter zeitökonomischen Aspekten verkürzt werden, indem bestimmte Verfahrensschritte, wie z.B. das Abstufen der Bewertungskriterien, außerhalb des Unterrichts nur von den Lehrerinnen und Lehrern ausgeführt werden.

1.1 Anforderungen an Projektarbeiten

Anforderungen an die Projektarbeit werden zu Projektbeginn von Schülern und Lehrer(n) gemeinsam - z.B. durch Kartenabfrage (mind-mapping) - gesammelt (s. Abb. 4 und Abb. 5). Die Anforderungen können, nach den verschiedenen Dimensionen von Handlungskompetenz geordnet, in einer Anforderungsliste übersichtlich zusammengestellt werden. Diese Liste kann mit weiteren Anforderungen, die sich erst während der Projektarbeit ergeben, ergänzt werden.

Projektbeispiel 1 :

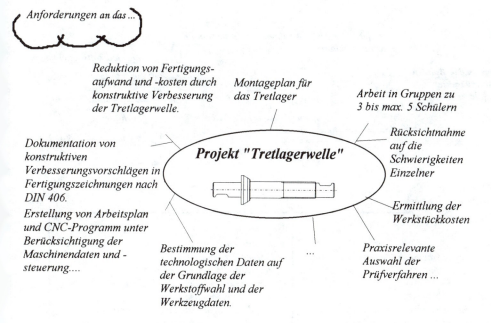

Abb. 4: Anforderungen an das Projekt "Tretlagerwelle" (Ausschnitt) [vgl. 7]

Projektbeispiel 2:

⏞ *Anforderungen an das ...*

- *Rechnung*
- *Lieferschein*
- *Liefernachweis*
- *Angebot*
- *Kundenanfrage*

→ *Auftragsunterlagen prüfen*

Absprachen im Unternehmen:
- *Verkauf*
- *Vertrieb*
- *Lager*
- *Technik, Konstruktion*

Projekt „Bearbeitung einer Kundenreklamation"

Information für Vorgesetzte:
- *Reklamationsgrund*
- *Bisherige Geschäftsbeziehungen*
- *Auftragsunterlagen*
- *ggf. Stellungnahmen*

Antwort an den Kunden, ggf. Beantwortung der Kundenreaktion

Reaktion:
- *Preisnachlaß*
- *Gutschrift*
- *Rücktransport*
- *Ersatz*
- *Reparatur*

- *Spedition*
- *Technik*
- *Vertrieb*

⏞ *angestrebte Kompetenzerweiterungen*

Fachkompetenz:	*Methodenkompetenz:*
• Problemlösungs-/Arbeitsschritte festlegen • Vorgehensweise und (Teil-)Ergebnisse dokumentieren • (Teil-)Ergebnisse bewerten • Vorgehensweise und Arbeitsergebnisse präsentieren • ggf. technische Dokumentation analysieren • Fachsprache anwenden • Geschäftsbrief verfassen • grobe Kostenkalkulation vornehmen • Kriterien für eine Entscheidung aufstellen und begründen • betriebsinterne Regelungen berücksichtigen • ...	• Entscheidungen treffen • Problemstellungen erkennen • selbständig planen und durchführen • zielgerichtet arbeiten • komplexe Aufgabenstellungen gliedern • Realisierbarkeit möglicher Lösungen abschätzen • Alternativen finden und bewerten • ...
Human- und Sozialkompetenz:	*Lernkompetenz:*
• sachlich argumentieren • Probleme erkennen und zur Problemlösung beitragen • ...	• Verständnisfragen stellen • Informationen selbständig erarbeiten • Kenntnisse und Methoden transferieren • ...

Abb. 5: Anforderungen an die Projektarbeit "Bearbeitung einer Kundenreklamation" und angestrebte Kompetenzerweiterungen (Ausschnitt)

1.2 Bewertungskriterien für Projektarbeiten

Aus den gesammelten Anforderungen leiten die Schülerinnen und Schüler in arbeitsgleicher oder arbeitsteiliger Gruppenarbeit Bewertungskriterien für die Projektarbeit ab. Mit einer geeigneten Methode - z.B. der fish-bowl-Methode[1] - sind die Bewertungskriterien zusammenzufassen und für die Projektarbeit verbindlich festzulegen. Alternativ zur Gruppenarbeit bzw. zur fish-bowl-Methode können die Bewertungskriterien z.B. auch in einem Unterrichtsgespräch abgeleitet werden. Bei der Formulierung der Bewertungskriterien ist darauf zu achten, daß alle Dimensionen von Handlungskompetenz ausreichend Berücksichtigung finden und daß die Bewertungskriterien auch überprüfbar sind. Als Hilfestellung für das Aufstellen der Bewertungskriterien können die Gesichtspunkte zur Beurteilung handlungsorientierter Schülerleistungen herangezogen werden (s. Kap. 2.6).

Die festgelegten Bewertungskriterien werden von den Schülern und den beteiligten Lehrern gemeinsam ihrer zugedachten Bedeutung entsprechend gewichtet.

1.3 Gewichtung von Bewertungskriterien

Für die Gewichtung kann jedes Bewertungskriterium in ein Formblatt (s. Abb. 7 und Anhang) eingetragen und von allen beteiligten Schülern und Lehren gewichtet werden. Jeder Teilnehmer nimmt seine individuelle Gewichtung vor, indem er nacheinander für alle Bewertungskriterien die entsprechende Zeile des für ihn zutreffenden Gewichtungsfaktors mit einem Klebepunkt (•) oder einem Strich (|) markiert. Die durchschnittliche Gewichtung eines Bewertungskriteriums errechnet sich aus der Summe der Punktgewichte dividiert durch die Anzahl der Teilnehmer:

$$\text{Gewichtung des Bewertungskriteriums} = \frac{\text{Summe Punktgewichte}}{\text{Anzahl der Teilnehmer}}$$

Für die Gewichtung der Bewertungskriterien können folgende **Gewichtungsfaktoren** verwendet werden:

1 - untergeordnete Gewichtung **2 - mittlere** Gewichtung **3 - hohe** Gewichtung

---

[1] **Zur fish-bowl-Methode:**
Die fish-bowl-Methode ist dazu geeignet, die in den Gruppen erarbeiteten Bewertungskriterien abzustimmen und für die Projektarbeit verbindlich festzulegen. Für die fish-bowl-Methode setzen sich alle Teilnehmer in Form zweier Kreise zusammen. Im **inneren Kreis** befinden sich die jeweiligen Gruppensprecher (•), ein Lehrer (◎) sowie ein **freier Stuhl** (○). Die übrigen Schüler und Lehrer (●) bilden den **äußeren Kreis**. Die Ergebnisse aus den einzelnen Gruppen werden im inneren Kreis solange diskutiert, bis die Beurteilungskriterien einstimmig festgelegt sind. Abstimmungen sind unzulässig. Ein Teilnehmer des äußeren Kreises kann sich punktuell an der Diskussion beteiligen, indem er kurzfristig auf dem freien Stuhl im inneren Kreis Platz nimmt. Nachdem er seinen Standpunkt vorgetragen hat, muß er in den Außenkreis zurück. Die Vertreter im inneren Kreis können sich jederzeit durch ein anderes Gruppenmitglied ablösen lassen. Für den Erfolg der fish-bowl-Methode ist entscheidend, daß sich die Teilnehmer lern- und kompromißbereit zeigen. Deshalb sollte zu Beginn darauf hingewiesen werden, daß es nicht um Sieg oder Niederlage geht, sondern um das für die Teilnehmer beste Ergebnis. In der Gruppenarbeit und im fish-bowl ist es sinnvoll, die Kriterien nicht der Reihe nach abzuarbeiten, sondern mit den Kriterien zu beginnen, die am konsensfähigsten erscheinen. Bei der fish-bowl-Methode finden alle Teilnehmer Zugang zur Thematik, obwohl nur eine kleine Gruppe aktiv ist. Im Anschluß kann sich eine Diskussion in der gesamten Gruppe anschließen.

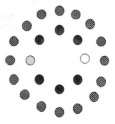

Abb. 6: fish-bowl-Methode (Sitzordnung)

Beispiel für die Gewichtung eines Bewertungskriteriums:

Gewichtung	Projektarbeit "Kundenreklamation" Bewertungskriterium: **Fachkompetenz**		
	Punkte	Punktsumme	Punktgewicht
1 untergeordnete Gewichtung	• • • •	*4*	*1x4=4*
2 mittlere Gewichtung	• • • • •	*5*	*2x5=10*
3 hohe Gewichtung	• • • •	*4*	*3x4=12*
		Summe 26	
	Gewichtung des Bewertungskriteriums = $\dfrac{\text{Summe Punktgewichte}}{\text{Anzahl der Teilnehmer}}$		**Gewichtung** *26÷13=2*

Abb. 7: Formblatt für die Gewichtung von Bewertungskriterien

1.4 Abstufung von Bewertungskriterien

Die gewichteten Bewertungskriterien werden entweder gemeinsam mit den Schülerinnen und Schülern oder - aus zeitökonomischen Gründen - nur von den beteiligten Lehrern entsprechend einer Notenskala abgestuft (s. Abb. 8 und Anhang). Hierbei darf der Lehrer nicht nur Ausbildungsideale im Auge haben, sondern er soll auch analysieren, mit welchen Voraussetzungen die Schülerinnen und Schüler ihre Projektarbeit begonnen haben. "Schließlich sollten die Ausbilder häufiger und mehr loben, als sie dies in der Regel tun. Demjenigen, der loben kann, wird Kritik um so eher abgenommen." [5] Unter diesem Aspekt wird bei der Abstufung der Bewertungskriterien auf Formulierungen eines Beurteilungslexikons von Arbeitszeugnissen (s. Abb. 10) zurückgegriffen, da in der "Zeugnissprache" Negatives zwar wahrheitsgetreu, aber im Gegensatz zu der Notenskala nach §25 ASchO eher wohlwollend formuliert wird. Auch bestätigt die bisher mit dem Bewertungsmodell gesammelte Erfahrung, daß den Schülerinnen und Schülern die kritische Einordnung ihrer Leistung in eine wohlwollend formulierte Notenskala leichter fällt als die Einordnung ihrer Leistung in die Notenskala sehr gut - ungenügend.

Die Abstufung der Bewertungskriterien entsprechend der Notenskala von Arbeitszeugnissen geschieht noch vor einem anderen Hintergrund. Aus den abgestuften Bewertungskriterien kann ein Gutachten zusammengestellt werden, das in der Formulierung den in Wirtschaft und Industrie üblichen Personalbeurteilungen entspricht. Das Gutachten **kann** somit von den Schülerinnen und Schülern als aussagekräftige Bewerbungsunterlage genutzt werden. Denn anders als die alleinige Zeugnisnote, vermittelt ein so erstelltes Gutachten ein umfassenderes Bild über die Qualifikation des Bewerbers.

Beispiel für die Abstufung eines Bewertungskriteriums:

Bewertung der Projektarbeit "Kundenreklamation" Bewertungskriterium: **Fachkompetenz**	Gew.: 2
Abstufung	Punkte
• Die Arbeitsgruppe ist bei der Festlegung der Arbeitsschritte stets systematisch und selbständig vorgegangen. • Entscheidungen wurden stets auf der Grundlage vorgegebener und selbstgewählter, ausführlich begründeter betrieblicher Anforderungen selbständig getroffen und bewertet. • Die Teilergebnisse wurden stets in jeder Hinsicht ausführlich, sorgfältig und übersichtlich dokumentiert. • Sämtliche Arbeitsschritte zur Lösungsfindung sind sehr deutlich nachvollziehbar. • Die Kalkulation des Vorganges ist fachlich stets in jeder Hinsicht sehr fundiert und übersichtlich dokumentiert. • Die Darstellung der Ergebnisse vor den anderen Arbeitsgruppen war in sämtlichen Punkten anschaulich, der Vortrag war in jeder Hinsicht sicher und fachlich einwandfrei.	6
• Die Arbeitsgruppe ist bei der Festlegung der Arbeitsschritte systematisch und selbständig vorgegangen. • Entscheidungen wurden auf der Grundlage vorgegebener und selbstgewählter, ausführlich begründeter betrieblicher Anforderungen selbständig getroffen und bewertet. • Die Teilergebnisse wurden alle ausführlich, sorgfältig und übersichtlich dokumentiert. • Alle Arbeitsschritte zur Lösungsfindung sind deutlich nachvollziehbar. • Die Kalkulation des Vorganges ist fachlich sehr fundiert und übersichtlich dokumentiert. • Die Darstellung der Ergebnisse vor den anderen Arbeitsgruppen war in allen Punkten anschaulich, der Vortrag war sicher und fachlich einwandfrei.	5
• Die Arbeitsgruppe ist bei der Festlegung der Arbeitsschritte systematisch und selbständig vorgegangen. • Entscheidungen wurden auf der Grundlage vorgegebener und selbstgewählter, begründeter betrieblicher Anforderungen selbständig getroffen und bewertet. • Die Teilergebnisse wurden alle ausführlich, sorgfältig und übersichtlich dokumentiert. • Arbeitsschritte zur Lösungsfindung sind deutlich nachvollziehbar. • Die Kalkulation des Vorganges ist fachlich fundiert und übersichtlich dokumentiert. • Die Darstellung der Ergebnisse vor den anderen Arbeitsgruppen war anschaulich, der Vortrag war sicher und fachlich einwandfrei.	4
• Die Arbeitsgruppe ist bei der Festlegung der Arbeitsschritte systematisch vorgegangen. • Entscheidungen wurden auf der Grundlage vorgegebener und selbstgewählter betrieblicher Anforderungen selbständig getroffen. • Die Teilergebnisse wurden übersichtlich dokumentiert. • Arbeitsschritte zur Lösungsfindung sind nachvollziehbar. • Die Kalkulation des Vorganges ist richtig und übersichtlich dokumentiert. • Die Darstellung der Ergebnisse vor den anderen Arbeitsgruppen war anschaulich, der Vortrag war fachlich richtig.	3
• Die Arbeitsgruppe ist bei der Festlegung der Arbeitsschritte im großen und ganzen systematisch vorgegangen. • Teilergebnisse und Kalkulation wurden dokumentiert. • Arbeitsschritte zur Lösungsfindung sind nachvollziehbar. • Die Arbeitsgruppe hat sich bemüht, die Ergebnisse den anderen Gruppen vorzustellen.	2
• Die Arbeitsgruppe hat sich bemüht, Entscheidungen und Teilergebnisse auf der Grundlage betrieblicher Anforderungen zu erarbeiten und zu dokumentieren. • Die Arbeitsgruppe hat sich um nachvollziehbare Vorschläge zur Lösungsfindung bemüht.	1

Abb. 8: Beispiel für die Abstufung eines Bewertungskriteriums (Fachkompetenz)

1.5 Leistungsbewertung von Projektarbeiten

Die Leistungen bei der Projektbearbeitung können nach der Präsentationsphase zunächst in der jeweiligen Arbeitsgruppe auf der Grundlage der abgestuften Bewertungskriterien bewertet werden. Unter Berücksichtigung dieser Bewertungsvorschläge werden im Anschluß hieran die Leistungen bei der Projektbearbeitung von allen Schülern und Lehrern gemeinsam - ebenfalls unter Berücksichtigung der abgestuften Bewertungskriterien und der Gewichtungsfaktoren - bewertet. Bei größeren Lerngruppen bietet sich für diese Phase wiederum die fish-bowl-Methode an, wobei der freie Platz im inneren Kreis bei individueller Bewertung der Projektarbeit jeweils von dem Schüler besetzt werden kann, dessen Leistung gerade bewertet wird.

Die Gesamtpunktzahl jeder Projektarbeit wird nach folgender Gleichung berechnet:

$$\text{Gesamtpunktzahl} = \Sigma \text{ (Punktergebnis eines Bewertungskriteriums} \times \text{Gewichtungsfaktor)}$$

Beispiel:

Bewertungskriterium Lfd. Nr.	Gew.:	Projektarbeit I Punkte:	Projektarbeit II Punkte:	Projektarbeit ... Punkte:	P_{max} (100%)
1. Fachkompetenz	2	6 2x6= 12	5 10	... ...	2x6= 12
2. Lernkompetenz	3	5 3x5= 15	4 12	... ...	3x6= 18
3. Methodenkompetenz	2	5 2x5= 10	4 8	... ...	2X6= 12
4. Human- und Sozialkompetenz	1	5 1x5= 5	5 5	... ...	1x6= 6
...					
Gesamtpunktzahl einer Projektarbeit (Summe):		42	35	...	48

Abb. 9: Formblatt für die Berechnung der Gesamtpunktzahl

1.6 Benotung von Projektarbeiten

Die abschließende Benotung einer Projektarbeit erfolgt durch den Lehrer mit Hilfe eines Punkteschlüssels. Jede Note sollte darauf untersucht werden, ob sie mit den Notenstufen nach § 25 ASchO übereinstimmt. Läßt sich die Note einer Projektarbeit nicht jedem Mitglied der Gruppe als Individualnote zuordnen, kann mit jedem Gruppenmitglied ein benotetes Fachgespräch über die jeweilige Projektarbeit geführt werden. Die Gesamtnote wird in diesem Fall aus der Note für die Projektarbeit, der Individualnote für das Fachgespräch und ggf. einer Individualnote für die Bewertungsphase gebildet (z.B. gemittelt).

2 Verordnungen, Vorschriften und Richtlinien zur Leistungsbewertung

2.1 Leistungsbewertung nach § 5 APO-FS

(1) Die Leistungsbewertung richtet sich nach den §§ 21, 22 und 25 Allgemeine Schulordnung (ASchO).
(2) Anzahl und Umfang der Leistungsnachweise regelt das Kultusministerium durch Verwaltungsvorschriften.

2.2 Leistungsbewertung nach § 5 AO-BS

(1) Die Leistungsbewertung richtet sich nach den §§ 21, 22 und 25 Allgemeine Schulordnung (ASchO).
(2) Schriftliche Arbeiten zur Leistungsfeststellung können in allen Fächern mit Ausnahme von Sport und Fachpraxis geschrieben werden.

VV zu § 5 AO-BS 5.1 zu Abs. 1

5.11 In Fächern mit schriftlichen Arbeiten sind neben diesen die sonstigen Leistungen gleichwertig zu berücksichtigen (vgl. § 21 Abs. 4 ASchO - BASS 12 - 01 Nr. 2).

5.12 In den Fächern ohne schriftliche Arbeiten bilden die sonstigen Leistungen die Grundlage der Bewertung. Sonstige Leistungen sind: Leistungen bei der Mitarbeit und z. B. Leistungen bei der Projektbearbeitung, Referate, Protokolle, Berichte, Fachgespräche und praktische Leistungen. Leistungen, die im Zusammenhang mit Gemeinschaftsleistungen erbracht werden, können einbezogen werden, wenn sie dem einzelnen Schüler als eigene Leistung zuzuordnen sind.

5.13 Sonstige Leistungen sind über den Beurteilungszeitraum verteilt zu gleichwertigen Teilleistungsnoten zusammenzufassen. Schriftliche Arbeiten führen zu eigenständigen Teilleistungsnoten. Für die Feststellung einer Halbjahresnote sind drei, für die Feststellung einer Jahresnote fünf Teilleistungsnoten erforderlich. Dies gilt auch für Ausbildungsverhältnisse, die zum Schulhalbjahr enden. Bei Fächern mit 40 Jahresstunden sind zwei Teilleistungsnoten für die Feststellung einer Jahresnote notwendig. Die Teilleistungsnoten sind dem Schüler bekanntzugeben und in der Notenliste zu dokumentieren.

5.14 Schriftliche Arbeiten (Klassenarbeiten, Kursarbeiten) dauern 30 bis 90 Minuten; eventuelle Pausenzeiten bleiben unberücksichtigt. Fächerübergreifende schriftliche Arbeiten sind möglich. Bei diesen Arbeiten kann die Höchstdauer von 90 Minuten überschritten werden. Für jedes der beteiligten Fächer ist eine Note auszuweisen.

5.15 Die in einem Bildungsgang unterrichtenden Lehrer/Lehrerinnen einer Schule treffen in Absprache mit den Fachkonferenzen und unter Berücksichtigung der Richtlinien und Lehrpläne Festlegungen (insbesondere die Benennung der Fächer mit schriftlichen Arbeiten sowie Festlegungen über Anzahl, Art und Umfang der Leistungsnachweise), die der Eigenart des Bildungsganges und der Organisationsform des Unterrichts entsprechen.

2.3 Notenstufen nach § 25 ASchO

(1) Bei der Bewertung einzelner Schülerleistungen sowie in Zeugnissen werden die folgenden Notenstufen zugrunde gelegt:

1. **sehr gut (1):** Die Note „sehr gut" soll erteilt werden, wenn die Leistung den Anforderungen in besonderem Maße entspricht.
2. **gut (2):** Die Note „gut" soll erteilt werden, wenn die Leistung den Anforderungen voll entspricht.
3. **befriedigend (3):** Die Note „befriedigend" soll erteilt werden, wenn die Leistung im allgemeinen den Anforderungen entspricht.
4. **ausreichend (4):** Die Note „ausreichend" soll erteilt werden, wenn die Leistung zwar Mängel aufweist, aber im ganzen den Anforderungen noch entspricht.
5. **mangelhaft (5):** Die Note „mangelhaft" soll erteilt werden, wenn die Leistung den Anforderungen nicht entspricht, jedoch erkennen läßt, daß die notwendigen Grundkenntnisse vorhanden sind und die Mängel in absehbarer Zeit behoben werden können.
6. **ungenügend (6):** Die Note „ungenügend" soll erteilt werden, wenn die Leistung den Anforderungen nicht entspricht und selbst die Grundkenntnisse so lückenhaft sind, daß Mängel in absehbarer Zeit nicht behoben werden können.

(2) Neben oder anstelle der Noten nach Absatz 1 kann nach Maßgabe der Ausbildungs- und Prüfungsordnung auch ein Punktsystem verwendet werden. Noten- und Punktsystem müssen untereinander übertragbar sein.

2.4 Notenskala für die Leistungsbewertung im Arbeitszeugnis [8]

Die folgende Übersicht zeigt gebräuchliche Formulierungen, die Unternehmen verwenden, und was sie im einzelnen bedeuten. Am weitesten verbreitet sind die Formulierungen, die eine Abstufung der Leistungen entsprechend der Notenskala ausdrücken (siehe auch Beurteilungslexikon):

1. **Sehr gute Leistungen**: Sehr gute Leistungen werden mit folgenden Formulierungen beschrieben:
   - Er/Sie hat die ihm/ihr übertragenen Arbeiten stets zu unserer vollsten Zufriedenheit erledigt
   - Wir waren mit seinen/ihren Leistungen in jeder Hinsicht außerordentlich zufrieden
   - Seine/Ihre Leistungen haben in jeder Hinsicht unsere volle Anerkennung gefunden
2. **Gute Leistungen**: Folgende Formulierungen bedeuten gute Leistungen:
   - Er/Sie hat die ihm/ihr übertragenen Arbeiten stets zu unserer vollen Zufriedenheit erledigt
   - Wir waren mit seinen/ihren Leistungen voll und ganz zufrieden
   - Seine/Ihre Leistungen haben unsere volle Anerkennung gefunden
   - Er/Sie hat unseren Erwartungen/Anforderungen in bester Weise entsprochen
3. **Befriedigende Leistungen**: Mittelmäßige Zufriedenheit drücken folgende Formulierungen aus:
   - Er/Sie hat die ihm/ihr übertragenen Arbeiten zu unserer vollen Zufriedenheit erledigt
   - Wir waren mit seinen/ihren Leistungen voll/jederzeit zufrieden
   - Er/Sie hat unseren Erwartungen in jeder Hinsicht entsprochen
4. **Ausreichende Leistungen**: Wenig Begeisterung spricht aus folgenden Formulierungen:
   - Er/Sie hat die ihm/ihr übertragenen Arbeiten zu unserer Zufriedenheit erledigt
   - Wir waren mit seinen/ihren Leistungen zufrieden
5. **Mangelhafte Leistungen**: So drückt ein Arbeitgeber seine Unzufriedenheit aus:
   - Er/Sie hat die ihm/ihr übertragenen Arbeiten im großen und ganzen zu unserer Zufriedenheit erledigt
   - Seine/Ihre Leistungen haben unseren Erwartungen entsprochen
6. **Unzureichende Leistungen**: Folgende Formulierungen sprechen für unzureichende Leistungen:
   - Er/Sie hat sich bemüht, die ihm/ihr übertragenen Arbeiten zu unserer Zufriedenheit zu erledigen
   - Er/Sie hat sich bemüht, unseren Erwartungen/Anforderungen zu entsprechen

2.5 Beurteilungslexikon für Arbeitszeugnisse

Formulierung im Arbeitszeugnis	Klartext	Note
stets zur vollsten Zufriedenheit/ stets in jeder Hinsicht	sehr gute Leistungen	sehr gut
vollste Zufriedenheit	leichte Abwertung von der Höchstleistung	sehr gut - gut
immer sehr zufrieden	erhebliche Abwertung von der Höchstleistung	gut (+)
stets volle Zufriedenheit/ stets sehr zufrieden	gute Leistungen	gut
volle Zufriedenheit/ waren immer sehr zufrieden	befriedigende Leistungen/ durchschnittliche Leistungen	befriedigend
stets zur Zufriedenheit/ waren befriedigend	unterdurchschnittliche Leistungen	befriedigend - ausreichend
zu (unserer) Zufriedenheit/ waren zufrieden	ausreichende Leistungen	ausreichend
im großen und ganzen zufrieden	sehr schlechte Leistungen	mangelhaft
hat sich bemüht ... zu unserer Zufriedenheit zu erledigen	erhebliche Mängel in den Leistungen	
war stets bemüht	gravierende Mängel	mangelhaft - ungenügend

Abb. 10: Beurteilungslexikon [8]

2.6 Kriterien zur Bewertung handlungsorientierter Schülerleistungen

Fachkompetenz:	Methodenkompetenz:
– Regeln und Verfahren anwenden – systematisch vorgehen – System- und Prozeßzusammenhänge erkennen – Problemlösungs- bzw. Arbeitsschritte festlegen – Anforderungen an das Produkt bzw. an die Dienstleistung formulieren – Teiloperationen bzw. Ergebnisse dokumentieren – Ergebnisse bewerten – Selbstkontrolle durchführen – Prozesse bzw. Arbeitsabläufe optimieren – rationell und zielgerichtet arbeiten – sich auf neue Situationen flexibel einstellen – Verbesserungsvorschläge entwickeln – Qualität sichern – Verfahren und/oder Werkzeuge bzw. Hilfsmittel auswählen – Prozeßparameter bestimmen und bewerten – Arbeitsergebnisse präsentieren – Pläne oder Steuerprogramme erstellen – technische Dokumentationen analysieren – Produkte unter ökonomischen und ökologischen Gesichtspunkten bewerten – flexibel disponieren – technologische Daten bestimmen – Fachsprache anwenden – Normen und Vorschriften beachten – Symbole deuten – Signale interpretieren	– Entscheidungen treffen – Analogieschlüsse ziehen – methodengeleitet vorgehen – Problemstellungen oder Arbeitsziele erkennen – Ergebnisse zusammenfassen – selbständig planen und durchführen – Pläne bewerten und ggf. revidieren – Zeiten für die Arbeitsausführung bestimmen – begründet vorgehen – zielgerichtet arbeiten – komplexe Aufgabenstellungen gliedern – Probleme eingrenzen – Ziele einer Aufgabe benennen – Systeme oder Zustände untersuchen – Realisierbarkeit erkennbarer Lösungen abschätzen – Pläne erstellen – Pläne ggf. flexibel handelnd verändern – Alternativen finden und bewerten – Arbeitsverfahren auswählen – Lösungsstrategien entwickeln – Systemfehler systematisch eingrenzen – Ergebnisse oder Methoden übertragen – gewonnene Erkenntnisse begründet revidieren – Arbeitsorganisation gestalten – Schlußfolgerungen ziehen – Informationen strukturieren – Kreativitätstechniken anwenden – Zusammenhänge herstellen – Abhängigkeiten finden – Formeln entwickeln
Human- und Sozialkompetenz:	**Lernkompetenz:**
– Mitverantwortung tragen – sachlich argumentieren – fair kritisieren – arbeitsteilig vorgehen – Informationen austauschen – soziale Verantwortung tragen – Probleme erkennen und zur Lösung beitragen – Rücksicht nehmen – Bedürfnisse und Interessen artikulieren – sich in gruppendynamische Prozesse integrieren – unterschiedliche Standpunkte tolerieren – kooperativ arbeiten – Hilfestellung geben – sich in die Teamarbeit einbinden – Spannungen ertragen – eigene Interessen gegenüber vereinbarten Gruppenzielen zurückstellen – Kooperationen fördern – gruppendynamische Prozesse gestalten – Kritik und Selbstkritik ausüben – Vertrauen herstellen – Selbstvertrauen und Selbstbewußtsein stärken – sich flexibel auf neue Situationen einstellen – zuverlässig handeln – Urteile verantwortungsbewußt bilden – soziale Beziehungen und Handlungen verstehen und interpretieren	– Lerntechniken anwenden – Lernstrategien entwickeln – den eigenen Lerntyp erkennen – konzentriert arbeiten bzw. lernen – Kenntnisse und Methoden transferieren – Bezüge herstellen – Informationsquellen auffinden – Informationen selbständig erarbeiten – Informationen ökonomisch auswerten – Informationen strukturieren – Bewertungsmaßstäbe bilden – mit Medien sachgerecht umgehen – Wichtiges von Unwichtigem unterscheiden – zum Lernen bereit sein – Notwendigkeit zur ständigen Weiterbildung einsehen – Dokumentationen auswerten – Informationen nach Kriterien aufbereiten und darstellen – Informationen weitergeben – Notizen anfertigen – Lernkartei anlegen – Lernschritte wählen – Gelerntes auf neue Probleme übertragen – Verständnisfragen stellen

Abb. 11: Kompetenzbeschreibung als Orientierung für die Bewertung von Projektarbeit [vgl. 3]

2.7 Verknüpfung von Schlüsselqualifikationen mit Qualifikationen aus den Ausbildungsrahmenplänen der neuen Metall- und Elektroberufe

Eine Reihe von Unternehmen verfolgen bereits seit einigen Jahren handlungsorientierte Ausbildungskonzepte. Ihre Beurteilungsverfahren zielen darauf ab, Defizite bei den Kenntnissen und Fertigkeiten der Auszubildenden zu diagnostizieren und dann durch gezielte Förderung zu beheben. Diese Ausbildungskonzepte lassen zwar einerseits betriebsspezifische Interessen deutlich werden, andererseits zeigen sie aber z.T. interessante Ansätze für den Unterricht. So versucht beispielsweise das projekt- und transferorientierte Ausbildungskonzept PETRA der Firma Siemens, eine Verknüpfung von Schlüsselqualifikationen mit Qualifikationen aus den Ausbildungsrahmenplänen der neuen Metall- und Elektroberufe herzustellen:

Schlüsselqualifikation		Qualifikationen aus den neuen Ausbildungsrahmenplänen
1. **Organisation und Ausführung der Arbeitsaufgabe** Zielbereich, Arbeitsplanung, Arbeitsausführung, Bewertung	• Selbststeuerung • Organisationsfähigkeit • Systematisches Vorgehen • Koordinationsfähigkeit • Rationelles Arbeiten • Selbstbewertung • Genauigkeit, Sorgfalt • Flexibles Disponieren	• Selbständiges Planen, Durchführen und Kontrollieren • Arbeitsschritte festlegen, Abwicklungszeiten einschätzen • manuelle und maschinelle Arbeitsabläufe festlegen • Sichtkontrollen durchführen • Maß-, Form- und Lagetoleranzen an Werkstücken prüfen • Arbeitsabläufe nach sicherheitstechnischen Gesichtspunkten planen, abstimmen und festlegen
2. **Kommunikation und Kooperation** Zielbereich, Verhalten in der Gruppe, Kontakt zu anderen, Teamarbeit	• Schriftliche und mündliche Ausdrucksfähigkeit • Sachlichkeit in der Argumentation • Kooperationsfähigkeit • Integrationsfähigkeit • Fairneß	• Änderungen dokumentieren • Prüf- und Meßergebnisse dokumentieren und auswerten • technische Sachverhalte in Form von Protokollen und Berichten aufzeichnen und auch berufsübergreifend austauschen • anhand von z.B. Arbeitsfolgeplänen komplexe Arbeitsschritte auch unter Berücksichtigung personeller Unterstützung festlegen • Geräte an Benutzer übergeben und Bedienung erklären
3. **Anwenden von Lerntechniken und geistigen Arbeitstechniken** Zielbereich, Lernverhalten, Auswerten und Weitergeben von Informationen	• Verstehen und umsetzen von Zeichnungen und Schaltplänen • Umsetzen von theoretischen Grundlagen in praktisches Handeln • Analogieschlüsse ziehen können • Denken in Systemen • Problemlösendes Denken	• Instandhaltungsanleitungen insbesondere unter Berücksichtigung der Prüfwerte anwenden • Funktionsfähigkeit der elektrotechnischen Komponenten feststellen • das Zusammenwirken von verknüpften Funktionen bei verketteten Baugruppen nach Vorgabe prüfen und einstellen • Aufbau und Funktionszusammenhänge erkennen und interpretieren • Störungen und Fehler auf mögliche Ursachen untersuchen
4. **Selbständigkeit und Verantwortung** Zielbereich, Eigenverantwortung und Mitverantwortung bei der Arbeit	• Zuverlässigkeit • Qualitätsbewußtsein • Sicherheitsbewußtsein • Eigene Meinung vertreten • Entscheidungsfähigkeit • Selbstkritikfähigkeit • Erkennen eigener Grenzen	• Unfall- und Gesundheitsgefahren erklären und Maßnahmen zu ihrer Vermeidung ergreifen • Wirksamkeit von Schutzmaßnahmen prüfen • Störungen insbesondere durch mechanische und elektrische Eingriffe beheben oder Behebung veranlassen • die umwelt- und betriebsbezogene Entsorgung von Fertigungssystemen und Produktionsanlagen sicherstellen und überwachen • Störungen und Fehler auf mögliche Ursachen untersuchen
5. **Belastbarkeit** Zielbereich, Psychische und physische Beanspruchung	• Konzentrationsfähigkeit • Ausdauer bei wiederkehrenden Aufgaben • Aufmerksamkeit bei abwechslungsarmen Beobachtungstätigkeiten • Umstellungsfähigkeit	• Störungen durch systematische Fehlereingrenzungen bestimmen und beheben • Probebetrieb von Geräten nach Unterlagen durchführen und protokollieren • Maschinen und Produktionsanlagen unter Betriebsbedingung in Betrieb nehmen • Produktionsablauf überwachen, Qualität der Produkte kontrollieren und prüfen

Abb. 12: Verknüpfung von Schlüsselqualifikationen mit Qualifikationen aus den Ausbildungsrahmenplänen der neuen Metall- und Elektroberufe [vgl. 2]

3 Schlußbetrachtung

In dieser Ausarbeitung wurde zunächst mit großer Selbstverständlichkeit davon ausgegangen, daß Projektarbeiten stets zu bewerten sind. Diese Selbstverständlichkeit besteht de facto nicht, denn es gibt neben den Argumenten für eine Bewertung auch stichhaltige Argumente, die gegen eine Bewertung in der Projektmethode sprechen. FREY nennt u.a. folgende Pro- und Contra-Argumente:

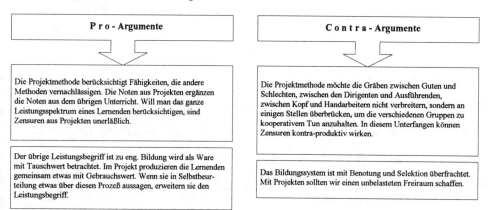

Abb. 13: Argumente für und gegen die Bewertung von Projektarbeit [vgl. 4]

„Angesichts dieser Argumentationslage müssen Sie also selbst entscheiden, ob in Ihrem Projektzusammenhang eine Prüfung oder Zensur angezeigt ist. ... Sofern Sie sich entschließen, Projekttätigkeiten und -ergebnisse zu beurteilen, sollten Sie eine Bedingung erfüllen: *Das Prüfen und Beurteilen sollte dem projektmethodischen Arbeiten möglichst entsprechen.*" [4] Die in dieser Ausarbeitung beschriebene Vorgehensweise zur Bewertung von Projektarbeiten ist aus diesem Grund auch nicht als starre Handlungsvorschrift zu übernehmen, denn dies würde der prozeßorientierten Vorgehensweise beim projektmethodischen Arbeiten widersprechen. Sie soll vielmehr Anregung zur Variation sein und gemeinsam mit den Schülern den jeweiligen lerngruppen-, lernort- und projektthemenspezifischen Bedingungen flexibel angepaßt werden. Die Projektpraxis bietet hierfür mehrere Vorgehensweisen an:

Vorgehen a: Alle Teilnehmer setzen nach dem Vorbild der Metainteraktion eine Phase für die Ausarbeitung der Beurteilungskriterien und des Beurteilungsverfahrens an.

Vorgehen b: Der Lehrer macht einen ersten Vorschlag, z.B. nach der Entwicklung des Betätigungsgebietes. Die Schüler behandeln den Vorschlag in einer Metainteraktion. Der Lehrer revidiert danach den Vorschlag.

Vorgehen c: Die Projektgruppe bestellt ein oder mehrere Mitglieder zu Prüfern (Evaluatoren). Diese verfahren nach b).

Vorgehen d: Bei einer Serie von Kleinprojekten wird eines für die Entwicklung der Prüfungsmodalitäten reserviert. Später werden diese Prüfungsmodalitäten eingesetzt." [4]

So gehandhabt führt die in der Ausarbeitung beschriebene Vorgehensweise zu einer Leistungsbeurteilung, die - den bisher im Projektunterricht damit gesammelten Erfahrungen zufolge - bei allen Beteiligten eine hohe Akzeptanz hat. Es soll aber nicht verschwiegen werden, daß sich Schüler und Lehrer gleichermaßen erst an den Gedanken gewöhnen müssen, gemeinsam die Beurteilung zu planen und durchzuführen. Die anfängliche Skepsis der Beteiligten weicht aber meist mit der Erkenntnis, daß mit einem Bewertungsverfahren, bei dem für alle Projektarbeiten einer Klasse gleiche Bewertungskriterien gelten, auch Projektarbeiten zu unterschiedlichen Themenstellungen so bewertet werden können, daß der Prozeß der Benotung sowie die Note für den Schüler begründet und - von Beginn an- transparent sowie nachvollziehbar ist.

4 Literaturverzeichnis

[1] KM des Landes NRW: Richtlinien und Lehrpläne industrielle Metallberufe. Grundbildung industrielle Metallberufe. Düsseldorf, 1991

[2] PETRA, projekt- und transferorientierte Ausbildung, Grundlagen, Beispiele, Planungs- und Arbeitsunterlagen. Herausgeber: Ulrich Klein, 2. Auflage, Siemens Aktiengesellschaft, Berlin und München 1990.

[3] Handreichungen Metall-/Elektroberufe. Soest, 1992

[4] Frey, Karl: Die Projektmethode. Basel. Beltz, 1990

[5] Meyer, Hilbert: Leitfaden zur Unterrichtsvorbereitung. Frankfurt a.M.. Scriptor, 1989

[6] Pfeifer, Tilo: Qualitätsmanagment. Strategien, Methoden, Techniken. Wien. Hanser, 1993

[7] Nöthen, K., Thelen, L.: Projekt Tretlagerwelle. Köln. Stam, 1994

[8] Siewert, Horst: Arbeitszeugnisse: Wie man sie formuliert, wie man sie interpretiert, wie man von ihnen profitiert. mvg-Verlag, 1993

5 Anhang

5.1 Beispiel für die Abstufung von Bewertungskriterien für ein Projekt in Informationstechnik

Bewertungskriterium Nr.1: Kenntnisse, Fertigkeiten, Produktivität (Fachkompetenz)	Gew.: 3
Abstufung	Punkt
• Die Arbeitsgruppe hat bewiesen, daß sie die eingesetzte Hard- und Software zur vollsten Zufriedenheit bedienen kann. Schwierigkeiten mit der Hard- und Software wurden erkannt und in jeder Hinsicht mit Erfolg selbständig bewältigt. • Kenntnisse von verschiedenen Anwenderprogrammen konnten zur vollsten Zufriedenheit auf die Problemstellung übertragen und erweitert werden. Der Lernfortschritt tritt bei der Projektdurchführung sehr deutlich hervor. • Die Arbeitsgruppe hat selbständig Anforderungen an die Projektarbeit erarbeitet. Sie hat alle Anforderungen im Projekt so umgesetzt, daß die fachliche Durchführung der Projektarbeit zur vollsten Zufriedenheit erledigt wurde. Gleiches gilt für die Dokumentation, Präsentation und Bewertung der Ergebnisse. Bei der Dokumention wurden mit Erfolg innovative Visualisierungstechniken angewendet. • Die wesentlichen Arbeitsschritte zur Lösungsfindung sind sehr deutlich nachvollziehbar. • In das Textdokument wurden Grafiken bzw. Dateien mit unterschiedlichem Format zur vollsten Zufriedenheit importiert.	6
• Die Arbeitsgruppe hat zur vollen Zufriedenheit gezeigt, daß sie mit der eingesetzten Hard- und Software umgehen kann. Schwierigkeiten mit der Hard- und Software wurden selbständig bewältigt. • Die Arbeitsgruppe hat die Anforderungen zur vollen Zufriedenheit so umgesetzt, daß die fachliche Durchführung der Projektarbeit sehr zufriedenstellend erledigt wurde. Gleiches gilt für die Dokumentation, Präsentation und Bewertung der Ergebnisse. Bei der Dokumentation wurden mit vollem Erfolg bewährte Visualisierungstechniken angewendet. • Die wesentlichen Arbeitsschritte zur Lösungsfindung sind nachvollziehbar. • In das Textdokument wurden Grafiken zur vollen Zufriedenheit importiert.	5
• Die Arbeitsgruppe hat mit befriedigendem Ergebnis gezeigt, daß sie mit der eingesetzten Hard- und Software umgehen kann. • Die Ausführung, Dokumentation und Präsentation der Projektarbeit entsprach den Anforderungen. • In das Textdokument wurden Grafiken zur vollen Zufriedenheit importiert.	4
• Die Arbeitsgruppe hat gezeigt, daß sie mit der eingesetzten Hard- und Software umgehen kann. • Die Ausführung, Dokumentation und Präsentation der Projektarbeit entsprach den Anforderungen.	3
• Die Arbeitsgruppe hat gezeigt, daß sie im großen und ganzen das eingesetzte Anwenderprogramm bedienen kann. • Die Ausführung und Dokumentation hat zum Teil den Anforderungen entsprochen.	2
• Die Arbeitsgruppe hat sich bemüht, die Bedienung der eingesetzten Hardware und des Anwenderprogramms zur Zufriedenheit zu erlernen. • Die Arbeitsgruppe hat sich bemüht, den Anforderungen im großen und ganzen zu entsprechen.	1

Bewertungskriterium Nr.2: Kooperationsfähigkeit (Sozialkompetenz)	Gew.: 3
Abstufung	Punkt
• Die Arbeitsgruppe (bzw. der Schüler) zeigte im gesamten Verlauf der Projektarbeit stets die Bereitschaft und die Fähigkeit zur Teamarbeit. • Die Arbeitsweise in der Gruppe war in allen Phasen arbeitsteilig organisiert. Alle Gruppenmitglieder waren in allen Phasen der Projektarbeit stets in jeder Hinsicht mit sehr großem Engagement beteiligt. Sie hatten stets einen Blick für das Wesentliche. • Die Teilergebnisse wurden von allen Gruppenmitgliedern zum vereinbarten Termin vorgelegt. Der vereinbarte Abgabetermin wurde genau eingehalten. • Bei unterschiedlichen Lösungsansätzen und bei Meinungsverschiedenheiten zeigten sie - auch über die eigene Gruppe hinaus - stets mit Erfolg die Bereitschaft und die Fähigkeit zum Kompromiß. • Schwierigkeiten einzelner, die aufgrund unterschiedlicher Vorkenntnisse auftraten, wurden von der Gruppe stets berücksichtigt und zur vollsten Zufriedenheit bewältigt.	6
• Die Arbeitsgruppe (bzw. der Schüler) zeigte während der Projektarbeit immer die Bereitschaft und die Fähigkeit zur Teamarbeit. • Alle Gruppenmitglieder haben während der Projektarbeit engagiert und ziel- bzw. prozeßorientiert zusammengearbeitet. • Die Teilergebnisse wurden von allen Gruppenmitgliedern zum vereinbarten Termin vorgelegt. Der vereinbarte Abgabetermin wurde genau eingehalten. • Bei unterschiedlichen Lösungsansätzen und bei Meinungsverschiedenheiten zeigten sie mit Erfolg die Bereitschaft und die Fähigkeit zum Kompromiß. • Schwierigkeiten einzelner, die aufgrund unterschiedlicher Vorkenntnisse auftraten, wurden von der Gruppe immer berücksichtigt und zur vollen Zufriedenheit bewältigt.	5
• Die Gruppenmitglieder haben während der Projektarbeit zur vollen Zufriedenheit zusammengearbeitet. • Die Teilergebnisse wurden vorgelegt. Der vereinbarte Abgabetermin wurde genau eingehalten. • Bei unterschiedlichen Lösungsansätzen und bei Meinungsverschiedenheiten zeigten sie stets die Bereitschaft zum Kompromiß. • Schwierigkeiten einzelner, die aufgrund unterschiedlicher Vorkenntnisse auftraten, wurden von der Gruppe immer berücksichtigt.	4
• Die Zusammenarbeit der Arbeitsgruppe war zufriedenstellend. • Der vereinbarte Abgabetermin wurde genau eingehalten. • Schwierigkeiten einzelner, die aufgrund unterschiedlicher Vorkenntnisse auftraten, wurden mit Unterstützung des Lehrers behoben.	3
• Die Arbeitsgruppe hat sich bemüht, im Team zusammenzuarbeiten und die Projektarbeit auf möglichst viele Gruppenmitglieder zu verteilen. • Die Arbeitsgruppe hat sich bemüht, die Projektarbeit zum vereinbarten Termin fertigzustellen.	2
• Die Arbeitsgruppe war um Bereitschaft zur Teamarbeit bemüht.	1

Bewertungskriterium Nr.3: Selbständiges Erschließen von Informationen (Lernkompetenz)	Gew.: 2
Abstufung	Punkte
• Die Arbeitsgruppe hat in jeder Hinsicht bewiesen, daß sie in der Lage ist, sich alle benötigten Informationen selbständig aus Fachliteratur zu erschließen.	6
• Die Arbeitsgruppe hat zur vollen Zufriedenheit gezeigt, daß sie aus überwiegend bereitgestellter Fachliteratur Informationen übernehmen kann. Sie ist in der Lage, sich sehr gezielt Informationen z.B. beim Lehrer zu beschaffen.	5
• Die Arbeitsgruppe hat die bereitgestellte Fachliteratur zur Zufriedenheit ausgewertet. Sie ist in der Lage, sich allgemeine Informationen z.B. beim Lehrer zu beschaffen und diese auszuwerten.	4
• Die Arbeitsgruppe hat die bereitgestellte Fachliteratur zur Zufriedenheit ausgewertet.	3
• Die Arbeitsgruppe hat die bereitgestellte Fachliteratur zusammen mit dem Lehrer ausgewertet.	2
• Die Arbeitsgruppe hat sich bemüht, bereitgestellte Fachliteratur zu sichten.	1

Bewertungskriterium Nr.4: Eingrenzung des Projektthemas (Methodenkompetenz)	Gew.: 1
Abstufung	Punkte
• Die Arbeitsgruppe hat die Eingrenzung des Projektthemas in jeder Hinsicht zur vollsten Zufriedenheit erfüllt. Hierbei wurden die lerngruppen- und lernortspezifischen Voraussetzungen stets berücksichtigt.	6
• Die Arbeitsgruppe hat gezeigt, daß sie ihr ursprüngliches Planungskonzept dem Lernfortschritt und den geänderten Anforderungen zur vollsten Zufriedenheit anpassen konnte.	
• Die Arbeitsgruppe hat das Projektthema zur vollen Zufriedenheit eingegrenzt. Hierbei wurden Interessen des Adressatenkreises (Lerngruppe) sehr zufriedenstellend berücksichtigt.	5
• Die Arbeitsgruppe hat gezeigt, daß sie ihr ursprüngliches Planungskonzept den geänderten Anforderungen zur vollen Zufriedenheit anpassen konnte.	
• Die Arbeitsgruppe hat das Projektthema unter Berücksichtigung der lerngruppen- und lernortspezifischen Bedingungen mit befriedigendem Erfolg eingegrenzt.	4
• Die Eingrenzung des Projektthemas erfolgte im großen und ganzen zufriedenstellend.	3
• Die Arbeitsgruppe hat sich bemüht, die Eingrenzung des Projektthemas zur Zufriedenheit zu erledigen.	2
• Die Arbeitsgruppe war stets darum bemüht, daß Projektthema einzugrenzen.	1

Die vier Beispiele sollen verdeutlichen, daß sich die Leistung bei der Projektarbeit meist nur dann einvernehmlich einer Abstufung zuordnen läßt, wenn die Abstufung der Kriterien mit der notwendigen Trennschärfe vorgenommen wurde. Gleichzeitig wird anhand der Beispiele zur Bewertung von Fach- und Sozialkompetenz deutlich, daß das Zusammenfassen mehrerer Kriterien eines Kompetenzbereichs die eindeutige Zuordnung der Leistung erschwert. Welcher Abstufung des Bewertungskriteriums Nr. 2 ist beispielsweise eine Leistung zuzuordnen, bei der die Arbeitsgruppe zur vollen Zufriedenheit zusammengearbeitet hat, der Abgabetermin aber wegen mangelnder Zeiteinteilung überschritten wurde. Bei der Abstufung sollte daher nach Möglichkeit entsprechend dem Bewertungskriterium Nr. 3 vorgegangen werden, bei dem die Leistung eindeutig zuzuordnen ist. Die Gesamtpunktzahl einer Projektarbeit kann wie folgt ermittelt werden:

Bewertungskriterium		Projektarbeit	P_{max} (100%)
Lfd. Nr.	Gew.:	Punkte:	Punkte:
1. Fachkompetenz	3	5 15	18
2. Human- und Sozialkompetenz	3	5 15	18
3. Lernkompetenz	2	4 8	12
4. Methodenkompetenz	1	5 5	6
Gesamtpunktzahl einer Projektarbeit (Summe):		43 (80%)	54

5.2 Beispiel für die Abstufung eines Kriteriums für die Bewertung der Dokumentation einer Projektarbeit

An diesem Beispiel soll eine andere Vorgehensweise zur Zuordnung von Schülerleistungen bei der Projektarbeit deutlich gemacht werden. Die Dokumentation entspricht den in diesem Beispiel angekreuzten Teilabstufungen. Die Gesamtpunktzahl ergibt sich aus der Summe der bei den Teilabstufungen erreichten Punkte (1), geteilt durch deren Anzahl (2) und multipliziert mit dem Gewichtungsfaktor (3):

(1) 5 Punkte + 4 Punkte + 4 Punkte + 3 Punkte = 16 Punkte

(2) 16 Punkte / 4 = 4 Punkte

(3) 4 Punkte x Gewichtungsfaktor 1 = 4 Punkte

$\Rightarrow$ Die Dokumentation dieser Projektarbeit wird mit 4 Punkten bewertet.

	Bewertungskriterium: Dokumentation von Arbeitsschritten und Ergebnissen (Fachkompetenz)	Gew.: 1
	Abstufung	Punkte
☐	Die wesentlichen Arbeitsschritte zur Problemlösung sind klar gegliedert und sehr deutlich nachvollziehbar.	6
☐	In der Dokumentation wurden sämtliche Meßprotokolle übersichtlich und mit ausführlichen Kommentaren versehen eingefügt.	6
☐	Die Meßpunkte sind in der Zeichnung ausnahmslos sehr deutlich kenntlich gemacht worden.	6
☐	Die Arbeitsmappe geht in ihrer Aufmachung in jeder Hinsicht über das zu erwartende Maß hinaus.	6
☐	Die wesentlichen Arbeitsschritte zur Problemlösung sind klar gegliedert und nachvollziehbar.	5
☒	Die Meßprotokolle sind übersichtlich und mit Kommentaren versehen eingefügt.	5
☐	Die Meßpunkte sind in der Zeichnung ausnahmslos deutlich kenntlich gemacht worden.	5
☐	Die Arbeitsmappe entspricht in ihrer Aufmachung voll und ganz den Erwartungen.	5
☒	Die wesentlichen Arbeitsschritte zur Problemlösung sind nachvollziehbar.	4
☐	Die Meßprotokolle sind übersichtlich eingefügt und teilweise kommentiert.	4
☒	Die Meßpunkte sind in der Zeichnung erkennbar.	4
☐	Die Arbeitsmappe erfüllt in ihrer Aufmachung die Erwartungen zur vollen Zufriedenheit.	4
☐	Die Dokumentation entspricht den Anforderungen und ist vollständig.	3
☐	Die wesentlichen Arbeitsschritte zur Problemlösung sind nachvollziehbar.	3
☐	Die Meßprotokolle sind übersichtlich eingefügt.	3
☒	Die Arbeitsmappe entspricht in ihrer Aufmachung den Erwartungen.	3
☐	Die Dokumentation entspricht im großen und ganzen den Anforderungen.	2
☐	Es sind Arbeitsschritte zur Problemlösung enthalten.	2
☐	Meßprotokolle sind eingefügt.	2
☐	Die Arbeitsmappe läßt das Bemühen um einen systematischen Aufbau erkennen.	2
☐	Bei der Dokumentation ist das Bemühen erkennbar, wesentliche Arbeitsschritte festzuhalten.	1

5.3 Beispiel 1 für die Beurteilung einer Projektarbeit in der Fachschule für Technik

Das folgende Beispiel zeigt die Beurteilung einer Projektarbeit in der Fachschule für Technik. Bei der Beurteilung wurden Gesichtspunkte zur Bewertung in Arbeitszeugnissen berücksichtigt; die Beurteilungskriterien erstrecken sich allerdings im wesentlichen auf die kognitive Lerndimension, die affektiv-soziale Lerndimension bleibt - wie sooft - unberücksichtigt.

Projektarbeit

Thema: Entwicklung / Konstruktion eines Stirnradgetriebes als Montageprojekt für die projektorientierte, fächerübergreifende Berufsbildung in Schule und Betrieb.

Ausgearbeitet von: ...

Betreuer: ...

Beurteilung der Projektarbeit:

1. Entwurf:
Die Maschinenelemente wurden richtig und voll zufriedenstellend dimensioniert und ausgewählt. Die Funktion kann durch kleinere Korrekturen erreicht werden.

2. Berechnungen:
Die Berechnungen wurden mit zufriedenstellendem Ergebnis durchgeführt. Sie umfaßten neben einer Dimensionierung auch Teilbereiche der Festigkeitsprüfung.

3. Technische Zeichnungen:
Die Zeichnungen wurden mit CAD erstellt. Die Leistungen entsprechen in jeder Hinsicht den Erwartungen.

4. Didaktische Ausarbeitung:
Die Ausarbeitungen, die mit viel Kreativität erstellt wurden, sind voll und ganz zufriedenstellend.

5. Übergeordnete, allgemeine Gesichtspunkte:

a) Vollständigkeit:
Die geforderten Teilaufgaben wurden zufriedenstellend erfüllt.

b) Dokumentation:
Die Dokumentation wurde am PC erstellt. Sie wurde gegliedert und übersichtlich verfaßt. Alle wesentlichen Informationen, um den Ablauf der Erarbeitung nachvollziehen zu können, wurden zur vollen Zufriedenheit eingearbeitet.

ZUSAMMENFASSENDE BEURTEILUNG:
Die in der Arbeit erbrachten Leistungen entsprechen im allgemeinen den Anforderungen. Befriedigend (siehe ASchO §§ 21, 22, 25).

Köln, den ...

5.4 Beispiel 2 für die Beurteilung einer Projektarbeit in der Fachschule für Technik

Das folgende Beispiel zeigt wiederum die Beurteilung einer Projektarbeit in der Fachschule für Technik. Berücksichtigt die Beurteilung hinreichend die Gesichtspunkte zur Beurteilung handlungsorientierter Schülerleistungen sowie die Gesichtspunkte zur Bewertung in Arbeitszeugnissen? Ist die Beurteilung geeignet, um als Anlage zu einer Bewerbungsunterlage die Einstellungschance des Technikerschülers zu erhöhen? Was müßte unter diesem Gesichtspunkt verbessert werden?

Projektarbeit

Aufgabenstellung: Unter QM-Gesichtspunkten ist für eine spezielle Serienfertigung eine statistische Prozeßkontrolle mittels vorhandener Meßtechnologie zu entwickeln und exemplarisch durchzuführen.

Ausgearbeitet von: ...

Zeitraum: ...

Betreuer: ...

Die vorliegende Projektarbeit ist gemäß der neuen Rechtsverordnung Bestandteil der Ausbildung zum staatlich geprüften Techniker. Im Rahmen der Projektarbeit soll der angehende Techniker nachweisen, daß er in der Lage ist, Problemstellungen im Team anforderungs- und termingerecht zu bearbeiten.

Beurteilung der Projektarbeit:
Nach einer gemeinsamen Problemeingrenzung erfolgte die Ausarbeitung des Themas sehr zielgerichtet und selbständig. Es ist hervorzuheben, daß ein Großteil der fachlichen Inhalte sowie der Umgang mit den vorhandenen Meßmitteln einschließlich der eingesetzten Software den Schülern nicht vertraut war. Das Team war stets in der Lage, sich über entsprechende Literaturquellen Informationen zu beschaffen, diese ökonomisch auszuwerten und in ihre Ausarbeitung einzubinden.

Aufbau und Gliederung wurden durchgehend systematisch durchgeführt. Einer allgemeinen Aufarbeitung und Darlegung fachlicher Zusammenhänge folgt die praktische Umsetzung und Präsentation der Ergebnisse. Anzumerken ist, daß die exemplarische Darstellung von Prozeßabläufen (theoretische Betrachtung) vor der praktischen Durchführung von Meßreihen einzuordnen ist und die Interpretation der Meßergebnisse konkreter in Form einer schriftlichen Zusammenfassung erfolgen sollte.

Stets wurden einzuhaltende Normen und Vorschriften beachtet. Generell entspricht die äußere Form der Ausarbeitung den allgemeingültigen Richtlinien zur Ausarbeitung schriftlicher Arbeiten. Alle Arbeitsunterlagen wie Prüfpläne, idealisierte Prozeßstrukturen etc. wurden von dem Team selbständig und zur vollen Zufriedenheit erstellt. Sehr gelungen ist die Bedienungsanleitung zu einem Mikroprozessor, die auf einer englischen Vorlage basiert.

Grundsätzlich arbeitete das Team sehr kooperativ und vielfach arbeitsteilig zusammen. Jedes Teammitglied hat gezeigt, daß es die gestellte Aufgabe zur vollen Zufriedenheit lösen konnte.

ZUSAMMENFASSENDE BEURTEILUNG:
Die in der Arbeit erbrachten Leistungen entsprechen voll den Anforderungen.
Gut (siehe ASchO §§ 21, 22, 25).

Köln, den ...

5.5 Formblatt für die Gewichtung eines Bewertungskriteriums (Kopiervorlage)

Bewertungskriterium Nr.:			
Gewichtung A	Punkte B	Punktsumme ΣB	Punktgewicht $C = \Sigma B \times A$
1 untergeordnete Gewichtung			
2 mittlere Gewichtung			
3 hohe Gewichtung			
			Summe ΣC
Gewichtung des Bewertungskriteriums (G) = $\dfrac{\text{Summe Punktgewichte } (\Sigma C)}{\text{Anzahl der Teilnehmer } (N)}$			**Gewichtung** $G = \dfrac{\Sigma C}{N}$

5.6 Formblatt für die Berechnung der Gesamtpunktzahl (Kopiervorlage)

Kriterium		Arbeit I	Arbeit II	...	Max. Punktzahl
Lfd. Nr.	Gew.: G_n	Punkte: P_n	Punkte: P_n	Punkte: P_n	$P_{max\,(100\%)}$
Gesamtpunktzahl einer Projektarbeit (Summe):